Wolfgang Baur

Ökumenische Bibelwoche 2022/2023
Teilnehmerheft

Kirche träumen

Zugänge zur Apostelgeschichte

Zur 84. Bibelwoche 2022/2023
herausgegeben von der Arbeitsgemeinschaft Missionarische Dienst in der Evangelischen Kirche in Deutschland,
der Deutschen Bibelgesellschaft und dem Katholischen Bibelwerk e.V., Stuttgart

Die Bibelübersetzungen sind der Neuen Genfer Übersetzung entnommen:
Bibeltext der Neuen Genfer Übersetzung – Neues Testament und Psalmen
Copyright © 2011 Genfer Bibelgesellschaft
Wiedergegeben mit freundlicher Genehmigung.
Alle Rechte vorbehalten.
Lutherbibel, revidiert 2017, © 2016 Deutsche Bibelgesellschaft, Stuttgart.

Bibliografische Information der Deutschen Nationalbibliothek:
Die Deutsche Nationalbibliothek verzeichnet diese Publikation in der Deutschen Nationalbibliografie; detaillierte
bibliografische Daten sind im Internet über http://dnb.d-nb.de abrufbar.

© 2022 Neukirchener Verlagsgesellschaft mbH, Neukirchen-Vluyn
Alle Rechte vorbehalten
Umschlaggestaltung: Andreas Sonnhüter
unter Verwendung eines Bildes von Annette Weber-Vinkeloe:
Apostelgeschichte 15, 2022, Mischtechnik auf Papier, 100 x 98 cm
Lektorat: Ernst Neumann, Bonn
DTP: Grafikbüro Sonnhüter, www.grafikuero-sonnhueter.de
Verwendete Schriften: Clan, Swift
Gesamtherstellung: VD Vereinte Druckwerke GmbH, Düsseldorf
Printed in Germany
ISBN 978-3-7615-6885-9

www.neukirchener-verlage.de

INHALT

... und nicht geist-los werden

Vielleicht ist es die gefährlichste Versuchung für eine Religion: zur Tagesordnung übergehen, Traditionen verwalten, irgendwie zu funktionieren, ohne wirkliche Begeisterung. Dietrich Bonhoeffer mahnte, wenn Glaube zu Religion wird, drohe der Glaube zu erstarren.

Die Texte dieser Bibelwoche lassen uns Gemeinden erleben, die gerade erst entstehen und lebendig bleiben. Mutige Persönlichkeiten gehen voran – Petrus, Paulus, Barnabas, Jakobus ... (leider lauter Männer, die als Apostel auftreten). Entschlossene Frauen und Männer gestalten aber das Leben in den vielen Orten zwischen Jerusalem und Rom.

Es macht die Erzählungen sympathisch, dass es dabei durchaus auch zu Auseinandersetzungen kommt. Da müssen Lösungen gefunden werden für zentrale Fragen des wirtschaftlichen Lebens. Es bildet sich eine Form von „christlichem Sozialismus" heraus, die nicht allen gefällt. Aber sie wird beschlossen und auch durchgesetzt. Dabei treten natürlich Fragen auf, die uns bis heute bewegen: Jedes Gemeindeglied soll so viel bekommen, „wie es braucht" – kann das funktionieren? Der Ansatz zeigt auf jeden Fall, dass auf die einzelnen Menschen bewusst geschaut wird. Die bei uns mittlerweile verbreitete Ansicht, dass für alle gesorgt sei, wenn alle nur für sich selbst sorgen, steht überhaupt nicht zur Debatte!

Auch was die praktisch-religiösen Gesetze betrifft, gilt es Weichen zu stellen. Denn wir blicken in die Zeit, in der sich die Jesusnachfolgerinnen und -nachfolger zwar in die Tradition des Volkes Israel stellen, also z. B. die überlieferten Texte der Tora, der Propheten und andere Schriften aus dem Judentum verwenden, aber die Zugehörigkeit zum „Volk Gottes" hängt für sie nicht mehr an Vorschriften wie der Beschneidung. Wer die Hitzigkeit der Beschneidungsdebatte in heutiger Zeit verfolgt hat, mag sich vorstellen, dass es auch damals hoch her ging. Doch – das ist das Modellhafte der Apostelgeschichte – ausgerechnet an so einer schwierigen Fragestellung zeigt sich die Stärke der frühen Christen: Es gibt keine Top-down-Entscheidung, sondern eine demokratisch-synodale Diskussion und eine Entscheidung, die von allen mitgetragen wird und die in der Folge nicht Bauchschmerzen, sondern Dankbarkeit für die gefundene Lösung bewirkt.

Daneben sind es einfach spannende Erzählungen über die wechselnden Erlebnisse in der Predigt des Evangeliums und ihrer Folgen: Mal werden Apostel als Götter verehrt, mal gesteinigt. Heilung und Totenerweckung gehören ebenso zum Repertoire der Geschichte wie wundersame Befreiungen aus dem Hochsicherheitstrakt eines staatlichen Gefängnisses. Alles in Allem ist diese Bibelwoche so lebendig und anregend wie ermutigend. Ich wünsche Ihnen viel Freude und Entdeckung dabei!

Wolfgang Baur

1. Gemeinsam ...

Apg 4,32 – 37

[32] Die ganze Schar derer, die an Jesus glaubten, hielt fest zusammen; alle waren ein Herz und eine Seele. Nicht ein Einziger betrachtete irgendetwas von dem, was ihm gehörte, als sein persönliches Eigentum; vielmehr teilten sie alles miteinander, was sie besaßen. [33] Vollmächtig und kraftvoll bezeugten die Apostel, dass Jesus der auferstandene Herr ist. Und die ganze Gemeinde erlebte Gottes Gnade in reichem Maß. [34] Es gab unter ihnen auch niemand, der Not leiden musste. Denn wenn die Bedürfnisse es erforderten, verkauften diejenigen, die ein Grundstück oder ein Haus besaßen, ihren Besitz und stellten den Erlös der Gemeinde zur Verfügung, [35] indem sie das Geld vor den Aposteln niederlegten. Davon wurde dann jedem das zugeteilt, was er nötig hatte. [36] Einer von denen, die den Bedürftigen in dieser Weise halfen, war Josef, ein Levit von Zypern, den die Apostel Barnabas nannten (Barnabas bedeutet: »der, der andere ermutigt«). [37] Josef verkaufte ein Stück Land, das ihm gehörte, und stellte das Geld, das er dafür bekam, der Gemeinde zur Verfügung, indem er es vor den Aposteln niederlegte.

Vergleichstext Apg 2, 43 – 47

[43] Jedermann in Jerusalem war von einer tiefen Ehrfurcht vor Gott ergriffen, und durch die Apostel geschahen zahlreiche Wunder und viele außergewöhnliche Dinge. [44] Alle, die an Jesus glaubten, hielten fest zusammen und teilten alles miteinander, was sie besaßen. [45] Sie verkauften sogar Grundstücke und sonstigen Besitz und verteilten den Erlös entsprechend den jeweiligen Bedürfnissen an alle, die in Not waren. [46] Einmütig und mit großer Treue kamen sie Tag für Tag im Tempel zusammen. Außerdem trafen sie sich täglich in ihren Häusern, um miteinander zu essen und das Mahl des Herrn zu feiern, und ihre Zusammenkünfte waren von überschwänglicher Freude und aufrichtiger Herzlichkeit geprägt. 47 Sie priesen Gott bei allem, was sie taten, und standen beim ganzen Volk in hohem Ansehen. Und jeden Tag rettete der Herr weitere Menschen, sodass die Gemeinde immer größer wurde.

Vergleichstext Ps 133,1

»Siehe, wie fein und lieblich ist's, wenn Brüder einträchtig beieinander wohnen!« (Lutherübersetzung)

Texthinweise

→ **Barnabas:** Ein sehr engagierter Unterstützer und Gefährte des Paulus (Apg 9,27–30), Bote der Gemeinde und Missionar (Apg 11,22–30; 12,25; 15,22). Mit Paulus legt er vor den römischen Behörden Zeugnis ab (Apg 13) und zieht mit ihm bis Kleinasien (Apg 14–15). Schließlich trennt er sich von Paulus (Apg 15,39).

Textbeobachtung

→ Vergleichen Sie den Text mit Apg 2,43–47: Welchen Grund hatten die Gemeindeglieder, so zu leben? Wie wirkt sich die Praxis der Gemeinde aus – innerhalb der Gemeinde und nach außen?

→ Welche Beziehungen werden in 2,43–47 beschrieben? Liegen dieselben Beziehungen auch Apg 4,32–37 zu Grunde?

→ Welche »Erfolge« der NachfolgerInnen Jesu nennt die Apostelgeschichte? Was »haben die Glaubenden innerlich und gesellschaftlich davon?«

→ Was könnte an der Schilderung auch irreführend und gefährlich sein?

→ Formulieren Sie Apg 4,32–37 einmal in das genaue Gegenteil um, indem Sie die Aussagen umkehren. Formulieren Sie in der Gegenwart: z. B.: »Wir sind uneins mit vielen Meinungen ...« Kann die Vision von Gemeinde in Apg 4 unsere Wirklichkeit verändern?

Annette Weber-Vinkeloe: Apostelgeschichte 4, 2022, Mischtechnik auf Papier, 90 x 97,5 cm4 cm

Zum Bild

→ Fallen Ihnen zu Elementen des Bildes Redewendungen ein?
→ Welcher Gesamteindruck entsteht beim ersten Betrachten?
→ An welcher Stelle des Bildes finden Sie einen Platz, der Ihnen guttut?

Zum Nachdenken

Wer seinen Traum von einer christlichen Gemeinschaft
mehr liebt als die christliche Gemeinschaft selbst, der
wird zum Zerstörer jeder christlichen Gemeinschaft, und ob er
es persönlich noch so ehrlich, noch so ernsthaft und hingebend
meinte.
Gott [haßt] die Träumerei; denn sie macht stolz und anspruchsvoll.
Wer sich das Bild einer Gemeinschaft erträumt, der fordert
von Gott, von dem Andern und von sich selbst die Erfüllung.
Dietrich Bonhoeffer

Dietrich Bonhoeffer, Gemeinsames Leben / Das Gebetbuch der Bibel, DBW Band 5, Seite 24).

Persönliche Beobachtungen

2. … füreinander …

Apg 6,1 – 7

[1] Die Zahl der Jünger wuchs unaufhörlich. Allerdings wurden in dieser Zeit auch Klagen innerhalb der Gemeinde laut, und zwar vonseiten der Jünger, die aus griechischsprachigen Ländern stammten. Sie waren der Meinung, dass ihre Witwen bei der täglichen Versorgung mit Lebensmitteln benachteiligt wurden, und beschwerten sich darüber bei den einheimischen Jüngern. [2] Da beriefen die Zwölf eine Versammlung aller Jünger ein und erklärten: »Es wäre nicht gut, wenn wir Apostel uns persönlich um den Dienst der Verteilung der Lebensmittel kümmern müssten und darüber die Verkündigung von Gottes Botschaft vernachlässigen würden. [3] Seht euch daher, liebe Geschwister, in eurer Mitte nach sieben Männern um, die einen guten Ruf haben, mit dem Heiligen Geist erfüllt sind und von Gott Weisheit und Einsicht bekommen haben. Ihnen wollen wir diese Aufgabe übertragen. [4] Wir selbst aber werden uns weiterhin ganz auf das Gebet und den Dienst der Verkündigung des Evangeliums konzentrieren.« [5] Dieser Vorschlag fand allgemeine Zustimmung, und die Gemeinde wählte folgende sieben Männer aus: Stephanus, einen Mann mit einem festen Glauben und erfüllt vom Heiligen Geist, Philippus, Prochorus, Nikanor, Timon, Parmenas und Nikolaus, einen Nichtjuden aus Antiochia, der zum Judentum übergetreten war. [6] Man ließ sie vor die Apostel treten, und die Apostel beteten für sie und legten ihnen die Hände auf. [7] Die Botschaft Gottes breitete sich immer weiter aus, und die Zahl der Jünger in Jerusalem stieg sprunghaft an. Auch zahlreiche Priester nahmen das Evangelium an und glaubten an Jesus.

Texthinweise

- **Witwen:** Nach dem Tod des Mannes gerieten sie häufig in eine rechtlich und sozial schwierige Situation. Darum soll die Gemeinschaft sich ihrer annehmen. Ihr Schutz gilt in der Tora als religiöse Pflicht (Ex 22,21). Nach Apg 4,34 war das in der Gemeinde geregelt.
- **Einheimische Jünger (die sog. »Hebräer«):** Juden aus Palästina, die sich zu Christus bekennen. Zu ihnen gehören auch die zwölf Apostel und Jakobus, der Bruder Jesu.
- **Die Zwölf:** Nachdem Judas aus dem Kreis der Apostel ausgeschieden war, wählten die anderen Matthias als neuen Apostel dazu (Apg 1, 21-26).
- **Hellenisten:** Im griechischen Text werden so die Jünger aus griechisch-sprachigen Ländern genannt (Diasporajuden); mit dem Gegenbegriff »Hebräer«, Aramäisch-sprechende Juden.
- **Nikolaus, ein Proselyt:** Er wird als »Dazugekommener" bezeichnet. Das sind Menschen, die dem Judentum beigetreten sind, sich beschneiden lassen und die Weisung der Tora halten. Das unterscheidet sie von den »Gottesfürchtigen«, die zwar an den Gott Israels glauben, aber nicht durch Beschneidung und Gesetzesobservanz zum Judentum gehören.
- **Handauflegung:** Durch das »Aufstemmen der Hände« wird göttliche Kraft übertragen. Mose legt Josua zur Übergabe seines Amtes die Hände auf (Num 27,18). Der Ritus wird aber auch als Verweis auf Schuld verwendet (Sündenbock – Lev 16,21, Hinrichtung – Lev 24,14).

Textbeobachtung

- Nach Apg 4,34 gab es ja zunächst keine Notleidenden in der Gemeinde. Worin liegt die Ursache des Konfliktes?
- Welche Gruppen von Personen werden genannt? Wer hat Kompetenzen zu Entscheidungen? Wer wirkt bei der Problemlösung mit?
- Was bedeutet es, dass die Versorger der Bedürftigen als Menschen »voll Heiligen Geistes« beschrieben werden? Gibt der Vers 7 darauf eine Antwort?

Annette Weber-Vinkeloe: Apostelgeschichte 6, 2022, Mischtechnik auf Papier, 96 x 96 cmm

Zum Bild

→ Das Bild zeigt zwei Ebenen: das »Tischtuch« und eine tiefere. Wirkt sich der Kontext eines Essens auf seine Qualität aus?

→ Inwiefern scheint der »Hintergrund« bei der Mahlgemeinschaft durch?

→ Erleben Sie selbst Situationen, in denen ein tieferer Hintergrund Begegnungen und Gespräche mitprägt?

Zum Nachdenken

»Die Sorge um mein tägliches Brot ist eine materielle Frage. Die Sorge um das Brot meines Bruders eine geistliche Frage«
Nikolai Alexandrowitsch Berdjajew

Persönliche Beobachtungen

[4] Die Christen, die aus Jerusalem geflohen waren, machten überall, wo sie hinkamen, das Evangelium bekannt. [5] Unter ihnen war auch Philippus. Er ging in die bedeutendste Stadt von Samarien und verkündete dort, dass Jesus der Messias ist. [6] Scharen von Menschen hörten ihm mit ungeteilter Aufmerksamkeit zu; sie waren beeindruckt von dem, was er sagte, und das umso mehr, als sie die Wunder miterlebten, die durch ihn geschahen. [7] Bei vielen Besessenen fuhren die bösen Geister aus; sie verließen ihre Opfer mit lautem Geschrei. Auch zahlreiche Gelähmte und Verkrüppelte wurden geheilt. [8] In der ganzen Stadt herrschte große Freude.

[9] Schon seit längerem hatte ein Magier namens Simon diese Stadt zum Schauplatz für sein Wirken gemacht. Er trat mit dem Anspruch auf, ein Meister der Magie zu sein, und seine okkulten Fähigkeiten setzten die Einwohnerschaft von Samarien in Erstaunen. [10] Auf ihn richtete sich die Aufmerksamkeit der gesamten Bevölkerung. »Dieser Mann ist die Kraft Gottes in Person«, sagten die Leute und nannten ihn »Die Große Kraft«. [11] Sie standen völlig unter seinem Bann, so sehr hatte er sie immer wieder mit seinen Zauberkünsten fasziniert. [12] Doch jetzt, als Philippus ihnen die Botschaft vom Reich Gottes verkündete und über Person und Werk von Jesus Christus sprach, wandten sie sich Philippus zu und schenkten ihm Glauben, und Männer und Frauen ließen sich taufen. [13] Auch Simon kam zum Glauben und ließ sich taufen. Von da an wich er Philippus nicht mehr von der Seite. Die Wunder, die er miterlebte und in denen sich Gottes große Kraft zeigte, ließen ihn nicht mehr aus dem Staunen herauskommen.

[14] Als die Apostel in Jerusalem hörten, dass die Samaritaner Gottes Botschaft angenommen hatten, schickten sie Petrus und Johannes zu ihnen. [15] In der betreffenden Stadt angekommen, beteten die beiden für sie und baten Gott, ihnen den Heiligen Geist zu geben. [16] Denn bis zu diesem Zeitpunkt war der Heilige Geist noch auf keinen Einzigen von ihnen herabgekommen; sie waren nur auf den Namen von Jesus, dem Herrn, getauft. [17] Nach dem Gebet legten Petrus und Johannes ihnen die Hände auf, und jetzt bekamen auch sie den Heiligen Geist.

[18] Als Simon sah, dass der Heilige Geist denen gegeben wurde, denen die Apostel die Hände auflegten, bot er Petrus und Johannes Geld an [19] und sagte: »Gebt mir Anteil an dieser Kraft, damit auch bei mir jeder den Heiligen Geist bekommt, dem ich die Hände auflege!« [20] »Zur Hölle mit dir und deinem Geld!«, fuhr Petrus ihn an. »Zu denken, was Gott schenkt, könne man kaufen! [21] Nein, du hast keinen Anteil an dieser Kraft und hast kein Anrecht auf sie. Denn in deinem tiefsten Innern bist du nicht aufrichtig vor Gott. [22] Bereue doch deine Verschlagenheit und bete zum Herrn! Vielleicht findest du Vergebung für deine üblen Absichten. [23] Ich sehe nämlich, dass dein Denken durch und durch vergiftet ist und dass das Böse dich fest in seinem Griff hat.« [24] Simon erwiderte: »Betet ihr für mich zum Herrn! Betet, dass nichts von dem eintrifft, was ihr mir angedroht habt!« [25] Nachdem Petrus und Johannes Jesus als den Herrn bezeugt und seine Botschaft bekannt gemacht hatten, kehrten sie nach Jerusalem zurück. Unterwegs verkündeten sie das Evangelium noch in vielen anderen Ortschaften Samariens.

Texthinweise

→ **Philippus:** Einer der sieben Männer, die zum Dienst für die Witwen gewählt wurden (Apg 6,5).

→ **Samaria:** Gegend in der Mitte Palästinas (zwischen Galiläa und Judäa) mit der von Herodes neu aufgebauten Hauptstadt Sebaste am Ort der ersten Hauptstadt Israels. Aufgrund der vom übrigen Judentum abweichenden Tradition der Samaritaner waren diese den »Frommen« ein Dorn im Auge.

→ **Magier:** So hießen seit dem 4. Jh. v. Chr. persische Priester. Sie waren Fachleute für Astrologie, Natur- und Heilkunde und berieten auch Könige (s. Mt 2). Daneben entwickelte sich eine Variante von Scharlatanen, die auch als »Zauberer« bezeichnet wurden. Das unterbleibt hier aber.

→ **Taufe und Heiliger Geist:** Die Unterscheidung in V.16 und in Apg 10,44–48 zeigt, dass es zwei sich ergänzende Erfahrungen und wohl auch Riten gab: Der Empfang des Geistes befähigte zur Erkenntnis und zum Verstehen. Die Taufe bedeutete Zugehörigkeit zur Gemeinde und zu Christus. Entscheidend ist, dass das Herabkommen des Geistes nicht »verfügbar« war, sondern sich als Geschenk ereignete.

Textbeobachtung

→ Markieren Sie, was über Philippus gesagt wird: Was ist er? Was tut er? Wie wirkt er auf andere? Woher bezieht er seine Kraft?
→ Wie sehen sich Philippus und Simon wohl gegenseitig?
→ Markieren Sie, was über Petrus und Johannes gesagt wird: Was sind sie? Was tun sie? Wie wirken sie auf andere? Und woher beziehen sie ihre Kraft?
→ Was werfen die Apostel dem Simon vor?

Annette Weber-Vinkeloe: Apostelgeschichte 8, 2022, Mischtechnik auf Papier, 101 x 97 cm

Zum Bild

→ Farben und Formen stehen hier im Widerstreit: Wo könnte man den Plan Gottes, wo das Tun des »auf eigene Rechnung« arbeitenden Magiers erkennen?
→ Was bleibt als wertvolles Ergebnis bestehen?

Zum Nachdenken

»Lieber Gott, gib uns den Heiligen Geist, der das gehörte Wort in unsere Herzen schreibe, so dass wir's annehmen und glauben und uns seiner in Ewigkeit freuen und trösten.«
Martin Luther

»Ich frage nicht, ob dieses höchste Wesen Verstand und Vernunft habe, sondern ich fühle: Es ist der Verstand, es ist die Vernunft selber.
Alle Geschöpfe sind davon durchdrungen, und der Mensch hat davon so viel, [daß] er Teile des Höchsten erkennen mag.«
Johann Wolfgang von Goethe, zu Eckermann, 23.2.1831

Persönliche Beobachtungen

4. ... über alle Grenzen hinweg ...

Apg 9,36 – 43

[36] In Joppe lebte eine Jüngerin Jesu namens Tabita. (Tabita – oder Dorkas, wie ihr Name auf Griechisch lautete – bedeutet »Gazelle«.) Tabita tat viel Gutes und half den Bedürftigen, wo sie nur konnte. [37] Doch während Petrus in Lydda war, wurde sie krank und starb. Man wusch den Leichnam und bahrte ihn im Obergeschoss des Hauses auf, in dem sie gewohnt hatte. [38] Als die Jünger von Joppe erfuhren, dass Petrus sich in dem nicht weit entfernten Lydda aufhielt, schickten sie zwei Männer zu ihm mit der Bitte, so schnell wie möglich zu ihnen zu kommen. [39] Petrus ging unverzüglich mit. In Joppe angekommen, wurde er in das Zimmer im Obergeschoss geführt, in dem Tabita aufgebahrt war. Viele Witwen waren dort versammelt und beweinten die Tote. Sie alle drängten sich jetzt um Petrus und zeigten ihm unter Tränen ihre Kleider und Mäntel. »Das alles hat Dorkas gemacht, als sie noch unter uns war!«, sagten sie. [40] Doch Petrus schickte sie alle aus dem Zimmer. Als er allein war, kniete er nieder und betete. Dann wandte er sich zu der Toten und sagte: »Tabita, steh auf!« Tabita öffnete die Augen, sah Petrus an und setzte sich auf, [41] und Petrus fasste sie bei der Hand und half ihr auf die Füße. Danach rief er die Witwen und die anderen Gläubigen herein, damit sie die wieder zum Leben erweckte Tabita sehen konnten. [42] Die Nachricht von diesem Ereignis verbreitete sich in der ganzen Stadt, und viele kamen zum Glauben an den Herrn. [43] Petrus blieb noch längere Zeit in Joppe; er wohnte bei einem gewissen Simon, einem Gerber.

Texthinweise

→ **Joppe:** Antike Stadt am Ort der heutigen Küstenstadt Jaffa vor Tel Aviv

→ **Lydda:** Antiker Name der Stadt Lod, 20 km von Joppe entfernt.

→ **Tabita:** »Gazelle« – aramäischer Name, im Griechischen »Dorkas«. Luther übersetzte mit »Tabea«.

→ **Ober:** Der Raum im ersten Stock wurde als Rückzugsraum für den Hausherren verwendet (Ri 3,20), von den frühen Christen auch als Versammlungsraum genutzt.

→ **Die Heiligen:** So werden im griechischen Text die anderen Gläubigen genannt, vgl. Röm 1,7; 1 Kor 1,2

→ **Witwen:** s. Erklärung zu Apg 6.

Textbeobachtung

→ Markieren Sie alle Bemerkungen über das, was von jemand »gesehen« oder erkannt wird. Wer zeigt wem etwas?

→ Hätten wir in V. 39 evtl. etwas anderes erwartet? Was bedeutet diese Demonstration?

→ Warum werden hier die Witwen so hervorgehoben? Sie gehören ja auch zu den »Heiligen«.

→ Welche Folgen hat das Handeln des Petrus? Welche Auswirkung betont Lukas insbesondere?

Annette Weber-Vinkeloe: Apostelgeschichte 9, 2022, Mischtechnik auf Papier, 100 x 96 cm

Zum Bild

→ Aus dem Zentrum des Bildes gehen »Fäden« hinaus. Kann das ein Bild für die Ausstrahlung des Geschehens sein?
→ Könnte man das dunkle Quadrat im Sinne von Joh 11,4 deuten: »Als Jesus das hörte, sagte er: Diese Krankheit führt nicht zum Tod, sondern dient der Verherrlichung Gottes«?

Zum Nachdenken

»Es gibt radikale Veränderungen, die ein ganzes Leben verwandeln können. Man muß sie nur für möglich halten. Man muß sie ausprobieren. Man muß loslassen können. Sie geschehen dann eher beiläufig, so wie Jesu Wunder. Man muß sie nur wahrnehmen. Es bewegt sich viel mehr, als wir zugeben wollen – wenn wir uns selbst bewegen lassen.«
Heinrich Albertz

Heinrich Albertz, in: Walter Jens, Assoziationen, 1978, Radius Verlag

Persönliche Beobachtungen

5. … aus dem Gefängnis heraus …

Apg 12,1 – 24

[1] Um diese Zeit begann König Herodes, die Gemeinde in Jerusalem zu verfolgen, und ging mit Gewalt gegen einige ihrer Mitglieder vor. [2] Jakobus, den Bruder des Johannes, ließ er mit dem Schwert hinrichten. [3] Als er sah, dass er den Juden damit einen Gefallen tat, setzte er den eingeschlagenen Kurs fort und ließ auch Petrus festnehmen, und zwar gerade während der Zeit, in der das Passafest gefeiert wurde, das Fest der ungesäuerten Brote. [4] Herodes ließ Petrus ins Gefängnis bringen und beauftragte vier Gruppen zu je vier Soldaten mit seiner Bewachung; nach den Festtagen wollte er ihn dann vor allem Volk aburteilen. [5] Während Petrus nun also streng bewacht im Gefängnis saß, betete die Gemeinde intensiv für ihn zu Gott.

[6] In der Nacht vor der von Herodes geplanten öffentlichen Verurteilung schlief Petrus zwischen zwei Soldaten, mit je einer Kette an sie gefesselt; und vor der Tür seiner Zelle waren Posten aufgestellt und hielten Wache. [7] Mit einem Mal stand ein Engel des Herrn in der Zelle, und helles Licht erfüllte den Raum. Der Engel gab Petrus einen Stoß in die Seite, um ihn zu wecken. »Schnell, steh auf!«, sagte er. Im selben Augenblick fielen die Ketten, die Petrus um die Handgelenke trug, zu Boden. [8] Der Engel sagte: »Binde den Gürtel um und zieh deine Sandalen an!«, Petrus tat es. »Und jetzt wirf dir den Mantel über und komm mit!«, sagte der Engel. [9] Petrus folgte ihm nach draußen, allerdings ohne zu wissen, dass das, was er mit dem Engel erlebte, Wirklichkeit war; er meinte vielmehr, er hätte eine Vision. 10 Sie passierten den ersten Wachtposten, ebenso den zweiten, und als sie schließlich zu dem eisernen Tor kamen, das in die Stadt führte, öffnete es sich ihnen von selbst. Sie traten ins Freie und gingen eine Gasse entlang – und plötzlich war der Engel verschwunden. [11] Da erst kam Petrus zu sich. »Wahrhaftig«, sagte er, »jetzt weiß ich, dass der Herr seinen Engel gesandt hat! Er hat mich Herodes und seiner Macht entrissen und hat mich vor all dem bewahrt, was das jüdische Volk so gern gesehen hätte.« [12] Nachdem er über seine Lage nachgedacht hatte, ging er zum Haus von Maria, der Mutter des Johannes, der den Beinamen Markus trägt. Dort war eine große Zahl von Christen zum Gebet versammelt. [13] Petrus

klopfte an das Eingangstor, worauf eine Dienerin namens Rhode kam, um nachzusehen, wer vor dem Haus stand. 1⁴ Als sie die Stimme von Petrus erkannte, vergaß sie vor lauter Freude, das Tor zu öffnen, lief ins Haus zurück und rief: »Es ist Petrus! Petrus steht vor dem Tor!« – ¹⁵ »Du hast wohl den Verstand verloren!«, entgegneten die anderen. Und als Rhode darauf beharrte, dass es sich genauso verhielt, wie sie sagte, meinten sie: »Dann muss es sein Engel sein.« ¹⁶ Währenddessen klopfte Petrus wieder und wieder ans Tor. Als sie schließlich öffneten und ihn sahen, waren sie außer sich vor Freude. ¹⁷ Petrus bat sie mit einer Handbewegung, sich zu beruhigen, und erzählte ihnen, wie der Herr ihn aus dem Gefängnis herausgeführt hatte. »Berichtet das auch Jakobus und den anderen Geschwistern!«, sagte er. Dann verabschiedete er sich von ihnen und verließ die Stadt. ¹⁸ Als es Tag wurde, war die Bestürzung unter den Soldaten groß; keiner wusste, was mit Petrus geschehen war. ¹⁹ Herodes ließ überall nach ihm suchen, aber er blieb unauffindbar. Da nahm Herodes die Wachen ins Verhör und befahl schließlich, sie zur Hinrichtung abzuführen. Daraufhin verließ er Jerusalem und das judäische Umland und reiste nach Cäsarea, wo er seine Residenz hatte.

²⁰ Herodes lag damals in heftigem Streit mit den Bürgern von Tyrus und Sidon. Nun schickten sie eine gemeinsame Abordnung zu ihm, und nachdem es den Delegierten gelungen war, Blastus, den Palastverwalter und engen Vertrauten des Königs, als Fürsprecher zu gewinnen, baten sie Herodes um eine friedliche Beilegung des Konflikts. (Sie sahen sich zu diesem Schritt gezwungen, weil ihr Land auf die Lieferung von Nahrungsmitteln aus dem Herrschaftsgebiet des Königs angewiesen war.) ²¹ An dem Tag, der für die offizielle Beendigung des Streits vorgesehen war, erschien Herodes in königlichem Prunk vor dem versammelten Volk, nahm auf der Tribüne Platz und hielt eine feierliche Rede an die Delegation aus Tyrus und Sidon. ²² Begeistert jubelte das Volk ihm zu: »So spricht ein Gott und nicht ein Mensch!« 23 Und Herodes ließ sich das gefallen, anstatt Gott die Ehre zu geben. Da vollstreckte ein Engel des Herrn das göttliche Urteil an ihm: Herodes brach noch auf der Tribüne zusammen, von einer schweren Krankheit

befallen. Würmer zerfraßen seinen Leib, und er starb einen qual-
vollen Tod. [24] Die Botschaft Gottes aber breitete sich immer weiter
aus, und die Zahl derer, die sie annahmen, wuchs ständig.

Texthinweise

→ **Herodes:** Es ist Herodes Agrippa, nicht der König Herodes, der nach Lk 1,5
bei der Geburt Jesu in Jerusalem regierte. Lukas beschreibt ihn als »Tetrarch«
von Galiläa (Lk 3,1), der den Täufer töten ließ, Interesse an Jesus hatte, ihn
dann aber verspottete und die Verurteilung an Pilatus abschob. Herodes
Agrippa ist der Prototyp des gottlosen Mächtigen.

→ **Jakobus:** Hier sind zwei Personen mit diesem Namen erwähnt: in V. 2 ist es
der Bruder des ebenfalls hingerichteten Johannes, in V. 17 ist es der Bruder
Jesu (s. Mk 6,3), der eine wichtige Rolle in der Jerusalemer Gemeinde spielte.

→ **Fest der ungesäuerten Brote:** Die Erwähnung des Pessachfestes stellt die
Verbindung zur Passion Jesu her.

→ **Cäsarea:** Hafenstadt, die von Herodes d. Gr. zu Ehren das Kaisers (Cäsar)
Augustus 22 – 10 v. Chr. gegründet wurde. Es gab dort ein Amphitheater mit
4000 Plätzen.

→ **Tyrus und Sidon:** Städte außerhalb des Herrschaftsgebietes von Herodes, die
aber als Konkurrenten auf dem Getreidemarkt auftraten und die Preise
diktierten. Der politische Erfolg zeigt die wachsende Macht des Herodes.

Textbeobachtung

→ Der Text enthält viele Elemente negativer Macht. Unterstreichen Sie diese
Worte.

→ Es gibt viele Stellen, an denen Bewegung aus der begrenzenden Macht entsteht. Markieren Sie diese Stellen mit einer anderen Farbe. Achten Sie z. B.
auf Signalworte wie »hinaus«, »gehen« etc.

→ Welche Seite gewinnt? Was bedeutet das für Christen in Bedrängnis?

Annette Weber-Vinkeloe: Apostelgeschichte 12, 2022, Mischtechnik auf Papier, 96 x 99 cm.

Zum Bild

→ Können Sie in dem Bild Bewegung erkennen?
→ Woran erinnert sie das Gemälde?
→ Kann es Menschen Mut geben, die ungerecht eingesperrt oder mundtot gemacht werden?
→ Was möchten Sie solchen Menschen angesichts des Bildes zurufen?

Zum Nachdenken

Sie sprangen aus rasender Eisenbahn
Und haben sich gar nicht weh getan.

Sie wanderten über die Gleise
Und wenn der Zug sie überfuhr,
Dann knirschte nichts. Sie lachten nur.
Und weiter ging die Reise.

Sie schritten durch eine steinerne Wand,
Durch Stacheldrähte und Wüstenbrand,
Durch Grenzverbote und Schranken
Und durch ein vorgehaltnes Gewehr,
Durchzogen viele Meilen Meer. –

Meine Gedanken –

Ihr Kurs ging durch, ging nie vorbei.
Und als sie dich erreichten,
Da zitterten sie und erbleichten.

Joachim Ringelnatz

Quelle: Wassertropfen & Seifenblase. Ausgewählte Gedichte

Persönliche Beobachtungen

6. ... ohne falschen Anspruch ...

Apg 14,8–20

⁸ In Lystra lebte ein Mann, der verkrüppelte Füße hatte; er war von Geburt an gelähmt und hatte noch nie auch nur einen Schritt getan. ⁹ Dieser Mann war unter den Zuhörern, als Paulus das Evangelium verkündete. Paulus blickte ihn aufmerksam an, und als er merkte, dass der Gelähmte Vertrauen zu Jesus gefasst hatte und dass er überzeugt war, er könne geheilt werden, ¹⁰ sagte er mit lauter Stimme zu ihm: »Steh auf! Stell dich auf deine Füße und richte dich auf!« Da sprang der Mann auf und begann umherzugehen.

¹¹ Als die Volksmenge sah, was durch Paulus geschehen war, brach ein Tumult los, und die Leute riefen auf Lykaonisch: »Die Götter haben Menschengestalt angenommen und sind zu uns herabgekommen!« ¹² Sie nannten Barnabas Zeus, und Paulus nannten sie Hermes, weil er der Wortführer war. ¹³ Der Priester des vor der Stadt gelegenen Zeustempels brachte Stiere und Kränze zum Stadttor und wollte – zusammen mit der Bevölkerung – Barnabas und Paulus Opfer darbringen. ¹⁴ Als den beiden Aposteln erklärt wurde, was die Leute vorhatten, zerrissen sie entsetzt ihre Kleider, stürzten sich in die Menge und riefen: ¹⁵ »Liebe Leute, was macht ihr da? Wir sind doch auch nur Menschen – Menschen wie ihr! Und mit der guten Nachricht, die wir euch bringen, fordern wir euch ja gerade dazu auf, euch von all diesen Göttern abzuwenden, die gar keine sind. Wendet euch dem lebendigen Gott zu, dem Gott, der den Himmel, die Erde und das Meer geschaffen hat, das ganze Universum mit allem, was darin ist! ¹⁶ Zwar ließ er in der Vergangenheit alle Völker ihre eigenen Wege gehen. ¹⁷ Doch er gab sich ihnen schon immer zu erkennen, indem er ihnen Gutes tat. Er ist es, der euch vom Himmel her Regen schickt und euch zu den von ihm bestimmten Zeiten reiche Ernten schenkt; er gibt euch Nahrung im Überfluss und erfüllt euer Herz mit Freude.« ¹⁸ Mit diesen Worten konnten Paulus und Barnabas, wenn auch nur mit größter Mühe, die Volksmenge davon abhalten, ihnen Opfer darzubringen.

¹⁹ Aber dann kamen Juden aus Antiochia und Ikonion und redeten so lange auf die Bevölkerung von Lystra ein, bis sie sie auf ihre Seite gezogen hatten. Daraufhin steinigten sie Paulus, und als sie ihn für tot hielten, schleiften sie ihn zur Stadt hinaus. ²⁰ Doch als ihn dann die Jünger umringten, kam er wieder zu sich. Er stand auf und ging in die Stadt zurück. Am nächsten Tag machte er sich zusammen mit Barnabas auf den Weg nach Derbe.

Vergleichstext Lk 4,24–30 (aus der Predigt Jesu in Nazaret)

²⁴ »Ich sage euch«, fuhr Jesus fort, »kein Prophet gilt etwas in seiner Vaterstadt. ²⁵ Im Übrigen erinnere ich euch an Folgendes: Es gab in Israel viele Witwen, als es in den Tagen Elias drei Jahre und sechs Monate nicht regnete und im ganzen Land eine große Hungersnot herrschte. ²⁶ Und doch wurde Elia zu keiner von ihnen geschickt, sondern zu einer Witwe in Sarepta im Gebiet von Sidon. ²⁷ Und zur Zeit des Propheten Elisa gab es in Israel viele Aussätzige. Aber nicht einer von ihnen wurde geheilt, nur der Syrer Naaman.« ²⁸ Als die Leute in der Synagoge das hörten, packte sie alle die Wut. ²⁹ Sie sprangen auf, zerrten Jesus zur Stadt hinaus und führten ihn an einen Abhang des Hügels, auf dem ihre Stadt erbaut war; dort wollten sie ihn hinunterstürzen. ³⁰ Jesus aber schritt mitten durch die Menge hindurch und ging fort.

Texthinweise

- → **Lystra:** Stadt in Lykaonien (Kleinasien), im Südosten der heutigen Türkei.
- → **Hermes:** Gott der Reisenden, Bote des obersten griechischen Gottes Zeus.
- → **Antiochia** und Ikonium: Städte in Pisidien, westlich von Lystra. Ikonium ist die heutige Stadt Konya.
- → **Derbe:** Stadt an der Grenze zu Kappadozien, 20 km nördlich der heutigen Stadt Karaman. Sie wird von Cicero und Strabon erwähnt. Paulus gründete hier eine Gemeinde.

Textbeobachtung

→ Markieren Sie alle Aussagen über »Sehen«, »Erkennen«, »Verstehen«. Wer sieht und erkennt was?

→ Zwischen welchen ablehnenden Gruppen stehen die Missionare? Gibt es zwischen den beiden irgendwelche Gemeinsamkeiten? Was wissen oder sehen und erkennen die jeweiligen Gruppen?

→ Wie könnten die einen und wie müssten die anderen auf die Aufforderung in V. 15 reagieren?

→ Welches »Sehen« und »Erkennen« versuchen Paulus und Barnabas zu eröffnen?

→ Vergleichen Sie den letzten Satz des Textes mit den Schlusssätzen der anderen Texte. Gibt es zwischen diesen Sätzen Übereinstimmungen oder eine gemeinsame Linie?

→ Vergleichen Sie den Ausgang der Erzählung mit Lk 4,24–30. Inwiefern interpretiert das (ebenfalls von Lukas verfasste) Evangelium die Erzählung über die Missionare und umgekehrt?

Annette Weber-Vinkeloe: Apostelgeschichte 14, 2022, Mischtechnik auf Papier, 98 x 98 cm

Zum Bild

→ Ein Bild wie die Luftaufnahme einer Stadt: Welche Elemente würden Sie bei einer »Stadtführung« erklären?
→ Welche Elemente aus dem Text könnte man darin wiederentdecken?

Zum Nachdenken

Man kann sie anrufen, man mag sie benennen
Man möcht' sie verehren, man will sie erkennen
So schenkt uns die Göttin wohl ihre Huld
Der Gott vergibt uns auch täglich die Schuld

Doch sind wir noch Kinder, die im Wald sich verirren
die's Hexenhaus finden, sich lassen verwirren
Die Alte, die frisst uns mit Haut und mit Haar
Man sollte schnell fliehen, das ist sonnenklar

Doch ist es der Weg des Bleibens und Dienens
des Sinnens und Suchens, des Hoffens und Schielens
In einem Moment sind die Bande entzwei
der Schlüssel gefunden, der Weg wieder frei

Jürgen Wagner

© 2016

Persönliche Beobachtungen

¹ Doch dann kamen einige Leute aus Judäa nach Antiochia und forderten die Männer der Gemeinde auf, sich beschneiden zu lassen, wie es im Gesetz des Mose vorgeschrieben ist. »Wenn ihr euch nicht beschneiden lasst«, lehrten sie, »könnt ihr nicht gerettet werden.« ² Damit stießen sie bei Paulus und Barnabas auf entschiedenen Widerstand, und es kam zu einer heftigen Auseinandersetzung. Schließlich wurden Paulus und Barnabas zusammen mit einigen Christen aus Antiochia beauftragt, nach Jerusalem zu reisen und den Aposteln und den Ältesten der dortigen Gemeinde diesen Streitfall vorzulegen. ³ Von der Gemeinde in Antiochia feierlich verabschiedet, machten sich Paulus und Barnabas auf den Weg. Sie zogen durch Phönizien und Samarien, und überall erzählten sie von der Hinwendung der Nichtjuden zu Gott – eine Nachricht, mit der sie allen Geschwistern große Freude bereiteten· ⁴ Als sie in Jerusalem ankamen, wurden sie von den Aposteln und den Ältesten und von der ganzen Gemeinde herzlich empfangen, und sie gaben einen Bericht von dem, was Gott durch sie als seine Mitarbeiter alles getan hatte. ⁵ Doch einige, die zur Partei der Pharisäer gehörten und zum Glauben an Jesus gekommen waren, standen auf und erklärten: »Man muss die Nichtjuden beschneiden und dazu auffordern, das Gesetz des Mose zu befolgen!«

⁶ Daraufhin trafen sich die Apostel und die Ältesten, um über diese Sache zu beraten. ⁷ Nachdem man lange und intensiv miteinander diskutiert hatte, erhob sich Petrus und sagte zu den Versammelten: »Liebe Brüder, wie ihr alle wisst, hat Gott euch seine Entscheidung schon vor langer Zeit klar gemacht – damals, als er mir den Auftrag gab, den Nichtjuden die Botschaft des Evangeliums zu verkünden, und als sie durch mich die Botschaft hörten und zum Glauben kamen. ⁸ Gott kennt uns Menschen ja durch und durch, und er hat die Echtheit ihres Glaubens bestätigt, indem er ihnen genau wie uns den Heiligen Geist gegeben hat. ⁹ Er machte keinerlei Unterschied zwischen ihnen und uns, sondern hat auch ihr Innerstes aufgrund ihres Glaubens von aller Schuld gereinigt. ¹⁰ Warum wollt ihr Gott jetzt herausfordern und diesen Jüngern ein Joch auf den Nacken legen, das weder unsere Vorfahren noch wir selbst zu tragen vermochten? ¹¹ Wir sind doch ganz

im Gegenteil davon überzeugt, dass wir – genau wie sie – einzig und allein durch die Gnade des Herrn Jesus gerettet werden.«

[12] Was Petrus sagte, brachte die Versammelten zur Ruhe, und die ganze Gemeinde hörte aufmerksam zu, wie Barnabas und Paulus nun von all den Wundern und außergewöhnlichen Dingen berichteten, die Gott durch sie unter den Nichtjuden getan hatte. [13] Als die beiden geendet hatten, ergriff Jakobus das Wort. »Liebe Geschwister«, sagte er, »hört mir zu! [14] Simeon hat gezeigt, dass Gott selbst sich der Nichtjuden angenommen und damit begonnen hat, unter ihnen ein Volk zu sammeln, das ihm gehört. [15] Das stimmt mit den Worten der Propheten überein; es heißt nämlich in der Schrift: [16] ›Der Tag kommt, sagt der Herr, an dem ich mich meinem Volk wieder zuwenden und die verfallene Hütte Davids wieder aufbauen werde; ich werde sie aus ihren Trümmern von neuem erbauen und werde sie wieder errichten. [17] Dann werden auch die übrigen Menschen nach mir fragen, die Menschen aller Völker, die doch alle mein Eigentum sind. Das sagt der Herr, der damit ausführt, [18] was er von jeher angekündigt hat.‹« [19] »Deshalb steht für mich die Entscheidung fest«, fuhr Jakobus fort. »Wir dürfen es den Nichtjuden, die zu Gott umkehren, nicht unnötig schwer machen· [20] Allerdings sollten wir sie in einem Brief dazu auffordern, folgende Dinge zu unterlassen: jede Verunreinigung durch Götzenverehrung und jede Form von Unmoral sowie den Genuss von Blut und von nicht ausgeblutetem Fleisch. [21] Im Übrigen finden sich alle diese Forderungen im Gesetz des Mose, das seit vielen Generationen in allen Städten verkündet und Sabbat für Sabbat in allen Synagogen vorgelesen wird.«

[22] Daraufhin fassten die Apostel und die Ältesten im Einvernehmen mit der ganzen Jerusalemer Gemeinde den Beschluss, einige Delegierte zusammen mit Paulus und Barnabas nach Antiochia zu schicken. Die Wahl fiel auf Judas, der auch Barsabbas genannt wurde, und Silas, zwei führende Männer der Gemeinde. [23] Der Brief, den sie ihnen mitgaben, lautete folgendermaßen: »Die Apostel und die Ältesten der Gemeinde von Jerusalem an die nichtjü-

dischen Geschwister in Antiochia und in ganz Syrien und Zilizien: Wir, eure Brüder, grüßen euch herzlich! ²⁴ Wie wir erfahren haben, sind einige Leute aus unserer Gemeinde ohne unseren Auftrag zu euch gereist und haben Dinge behauptet, die euch verwirrt und zutiefst beunruhigt haben. ²⁵ Wir haben daher über die Sache beraten und haben dann einmütig beschlossen, eine Delegation unserer Gemeinde zu euch zu schicken als Begleitung unserer lieben Freunde Barnabas und Paulus, ²⁶ die ihr ganzes Leben in den Dienst von Jesus Christus, unserem Herrn, gestellt haben. ²⁷ Diejenigen, die wir ausgewählt und zu euch geschickt haben, sind Judas und Silas; sie werden euch auch noch mündlich mitteilen, worum es geht. ²⁸ Der Heilige Geist selbst und unter seiner Führung auch wir haben nämlich beschlossen, euch nur die folgenden unbedingt nötigen Anweisungen zu geben und euch darüber hinaus keine weitere Last aufzuerlegen: ²⁹ Esst kein Fleisch, das den Götzen geopfert wurde, unterlasst den Genuss von Blut und von nicht ausgeblutetem Fleisch und haltet euch fern von jeder Unmoral! Wenn ihr euch vor diesen Dingen in Acht nehmt, verhaltet ihr euch richtig. Und nun lebt wohl!« ³⁰ Paulus und Barnabas sowie die Delegierten wurden offiziell verabschiedet und machten sich auf den Weg nach Antiochia. Dort angekommen, beriefen sie eine Versammlung der ganzen Gemeinde ein und übergaben den Brief. ³¹ Er wurde vorgelesen, und alle freuten sich über seinen ermutigenden Inhalt. ³² Judas und Silas waren Propheten, und sie nahmen sich viel Zeit, den Geschwistern Mut zu machen und sie im Glauben zu stärken. ³³⁻³⁴ Nachdem sie eine längere Zeit dort verbracht hatten, wurden sie von den Geschwistern mit dem Friedensgruß verabschiedet und kehrten zu denen zurück, die sie geschickt hatten. ³⁵ Paulus und Barnabas hingegen blieben zunächst in Antiochia. Zusammen mit vielen anderen unterrichteten sie die Menschen in der Botschaft des Herrn und verkündeten das Evangelium in der ganzen Stadt.

Texthinweise

→ **Beschneidung:** Nach Gen 17,10 muss jeder Mann, der zum Volk Israel gehört, als Zeichen des Bundes mit Gott beschnitten sein.
→ **Phönizien:** Nördliche Küstenebene bis in den Libanon.
→ **Pharisäer:** Die »Abgesonderten« – strenggläubige Juden, die versuchten, die Tora sehr wortgetreu zu erfüllen.
→ **Das Innerste gereinigt:** Nach der Tora sind nur Angehörige des Volks Israel, die sich zudem an die rituellen Vorschriften halten, rein. Mit anderen Menschen darf man nichts zu tun haben. Lukas kehrt das um: Gott macht (!) alle Menschen rein.
→ **Jakobus:** Der Herrenbruder (vgl. den Hinweis zu Apg 12).
→ **Hütte Davids:** Jerusalem und sein Reich, vgl. Am 9,11.
→ **Propheten:** Im Unterschied zu den Propheten Israels sind hier Gemeindeglieder gemeint, die die Schriften für die Gemeinde auslegen können.

Textbeobachtung

→ Worin besteht der Konflikt? Welche Emotionen sind beteiligt?
→ Wer ist »schuld« an dem Konflikt? Welche Parteien erkennen Sie?
→ Wer sollte das Mandat zur Lösung haben?
→ Welchen Argumenten können Sie (nicht) zustimmen?
→ Wie bewerten Sie die »Beteiligungsmöglichkeiten« für die Anwesenden bei der Konfliktlösung? Zählen inhaltliche Argumente oder hierarchische Positionen?
→ Welche Lösungswege gefallen Ihnen, welche nicht? Hätte der Prozess verbessert werden können?
→ Gibt es bei dem Kompromiss Gewinner und Verlierer?
→ Welche Konsequenzen hat der Kompromiss für die Parteien?
→ Wie schätzen Sie die Chancen zur Umsetzung der Lösung vor Ort ein?
→ Inwiefern wirkt Gott an der Lösung mit?

Annette Weber-Vinkeloe: Apostelgeschichte 15, 2022, Mischtechnik auf Papier, 100 x 98 cm

Zum Bild

→ Zu welchem Abschnitt des Textes passt das Bild?
→ Welche Grunderfahrung dominiert?
→ Hilft diese »Farbe« auch Störungen auszuhalten?

Zum Nachdenken

Ein Kompromiss ist oft ein liebevoller Heilschritt,
der den Dingen Zeit gewährt für einen guten Weg
Peter Horton

Persönliche Beobachtungen

Gottesdienst zum

Ökumenischen Bibelsonntag 2023

Zwischen Schiffbruch und Aufbruch
Apg 27,13–38

Ausarbeitung von: A. Gruschwitz (EmK), Dr. M. Linnenborn (Röm.-Kath.), S. Morrison (SELK), R. C. Miron (Griech.-Orth.), R. Raab-Zerger (AMG), Dr. J. Wagner (ACK/BFeG), A. Werner-Hoenen (Ev.-Luth.).

Lied: Gott ist gegenwärtig (EG 165, GL 387; Strophen 1,2,4,6,8)

1. Gott ist gegenwärtig.
Lasset uns anbeten
und in Ehrfurcht vor ihn treten.
Gott ist in der Mitte.
Alles in uns schweige
und sich innigst vor ihm beuge.
Wer ihn kennt, wer ihn nennt,
schlag die Augen nieder;
kommt, ergebt euch wieder.

2. Gott ist gegenwärtig,
dem die Cherubinen
Tag und Nacht gebücket dienen.
Heilig, heilig, heilig!
singen ihm zur Ehre
aller Engel hohe Chöre.
Herr, vernimm unsre Stimm,
da auch wir Geringen
unsre Opfer bringen.

4. Majestätisch Wesen,
möcht ich recht dich preisen
und im Geist dir Dienst erweisen.
Möcht ich wie die Engel
immer vor dir stehen
und dich gegenwärtig sehen.

Lass mich dir für und für
trachten zu gefallen,
liebster Gott, in allem.

6. Du durchdringest alles;
lass dein schönstes Lichte,
Herr, berühren mein Gesichte.
Wie die zarten Blumen
willig sich entfalten
und der Sonne stille halten,
lass mich so still und froh
deine Strahlen fassen
und dich wirken lassen.

8. Herr, komm in mir wohnen,
lass mein' Geist auf Erden
dir ein Heiligtum noch werden;
komm, du nahes Wesen,
dich in mir verkläre,
dass ich dich stets lieb und ehre.
Wo ich geh, sitz und steh,
lass mich dich erblicken
und vor dir mich bücken

Text: Gerhard Tersteegen 1829; Mel: Wunderbarer König.

Psalmgebet mit Antwortruf dazwischen

1-4 Aus der Tie - fe ru - fe ich zu dir:

1 Herr, hö - re mei - ne Kla - gen,
2 Herr, öff - ne dei - ne Oh - ren,
3 Herr, ach - te auf mein Fle - hen,
4 Nur dir will ich ver - trau - en,

1-4 aus der Tie - fe ru - fe ich zu dir:

1 Herr, hö - re mei - ne Fra - gen.
2 Ich bin hier ganz ver - lo - ren.
3 Ich will nicht un - ter - ge - hen.
4 Auf dein Wort will ich bau - en.

T: Uwe Seidel 1981 nach Ps 130,1–2, M: Oskar Gottlieb Blarr 1981

Text: Uwe Seidel, Musik. Oskar Gottlieb Blarr, aus: Wenn der Stacheldraht blüht, 1981, alle Rechte im tvd-Verlag Düsseldorf.

Lied: Gottes Wort ist wie ein Licht in der Nacht

Got-tes Wort ist wie Licht in der Nacht,

es hat Hoff-nung und Zu-kunft ge - bracht.

Es gibt Trost, es gibt Halt

in Be - dräng - nis, Not und Ängs - ten

ist wie ein Stern in der Dun-kel-heit.

Text zum Bibelsonntag: Apostelgeschichte 27,13–35

Als ein leichter Südwind aufkam, glaubten sie, ihr Vorhaben stehe unter einem guten Stern, lichteten die Anker und fuhren der Küste von Kreta entlang.

Kurz darauf jedoch brach von der Insel her ein Orkan los, der sogenannte Euraquilo. Da das Schiff mitgerissen wurde und nicht mehr gegen den Wind gedreht werden konnte, gaben wir auf und ließen uns treiben. Als wir bei einer kleinen Insel namens Kauda Schutz fanden, konnten wir das Beiboot nur mit Mühe in unsere Gewalt bekommen. Nachdem sie es gehievt hatten, ergriffen sie weitere Maßnahmen und zogen Taue unter dem Schiff durch; und weil sie befürchteten, in die Große Syrte abgetrieben zu werden, ließen sie den Treibanker hinunter und trieben so dahin.

Da wir vom Sturm hart bedrängt waren, warfen sie am nächsten Tag Ladung ab, und am dritten Tag warfen sie eigenhändig das Schiffsgerät über Bord. Mehrere Tage lang zeigten sich weder Sonne noch Sterne, und der heftige Sturm hielt an; am Ende schwand uns jede Hoffnung, noch gerettet zu werden.

Als niemand mehr essen mochte, trat Paulus mitten unter sie und sagte: Männer, man hätte eben auf mich hören und nicht von Kreta wegfahren sollen; dann wären uns jetzt Unglück und Schaden erspart geblieben. Doch nun ermahne ich euch, guten Mutes zu sein. Keiner von euch wird ums Leben kommen, nur das Schiff wird untergehen.

In dieser Nacht nämlich ist ein Engel des Gottes, dem ich gehöre und dem ich diene, zu mir getreten und hat gesagt: Fürchte dich nicht, Paulus, du musst vor den Kaiser treten. Und so hat Gott dir alle anvertraut, die mit dir auf dem Schiff sind. Darum, Männer, seid guten Mutes! Denn ich vertraue auf Gott, dass es so geschehen wird, wie mir gesagt worden ist. Wir werden an irgendeiner Insel stranden müssen.

Als wir nun schon die vierzehnte Nacht auf dem Adriatischen Meer dahintrieben, glaubten die Matrosen mitten in der Nacht, Land zu sichten, das auf sie zukam. Sie warfen das Senkblei aus und maßen zwanzig Faden; und als sie ein wenig weitergefahren waren und dann das Senkblei nochmals auswarfen, maßen sie noch fünfzehn Faden. Da befürchteten sie, wir könnten auf ein Riff auflaufen, warfen vom Heck aus vier Anker und sehnten den Morgen herbei. Die Matrosen aber versuchten, vom Schiff zu fliehen, und ließen unter dem Vorwand, vom Bug aus Anker auszuwerfen, das Beiboot ins Wasser hinunter.

Paulus aber sagte zum Hauptmann und zu den Soldaten: Wenn die nicht auf dem Schiff bleiben, könnt ihr nicht gerettet werden. Da kappten die Soldaten die Taue des Bootes und ließen es treiben. Bis in die Morgendämmerung hinein ermunterte Paulus alle, wieder Nahrung zu sich zu nehmen, und sagte: Heute ist schon der vierzehnte Tag, dass ihr ohne Essen ausharrt und nichts zu euch nehmt. Darum rate ich euch, etwas zu essen, denn das kommt eurer Rettung zugute. Keinem von euch nämlich wird auch nur ein Haar auf seinem Kopf verloren gehen.

Nachdem er dies gesagt und Brot genommen hatte, dankte er Gott vor aller Augen, brach es und begann zu essen. Da fassten alle neuen Mut und nahmen ebenfalls Speise zu sich. Wir waren insgesamt zweihundertsechsundsiebzig Leute auf dem Schiff. Nachdem sie sich satt gegessen hatten, machten sie das Schiff leichter, indem sie das Getreide ins Meer warfen.

Als es Tag wurde, konnten sie nicht erkennen, was für ein Land da vor ihnen lag. Sie entdeckten aber eine Bucht mit einem flachen Strand; da beschlossen sie, das Schiff nach Möglichkeit dort auflaufen zu lassen. Sie machten die Anker los und ließen sie im Meer zurück; zugleich lösten sie die Haltetaue der Steuerruder, setzten das Vordersegel und hielten mit dem Wind im Rücken auf den Strand zu. Sie gerieten aber auf eine Sandbank und ließen das Schiff auflaufen; der Bug bohrte sich in den Grund und saß fest, das Heck aber drohte unter der Gewalt der Wellen zu bersten.

Da beschlossen die Soldaten, die Gefangenen zu töten, damit keiner schwimmend entkommen könne. Der Hauptmann jedoch wollte Paulus retten und hinderte sie an ihrem Vorhaben. Er befahl, dass zuerst diejenigen, die schwimmen konnten, ins Wasser springen und versuchen sollten, das Land zu erreichen; die Übrigen sollten nachkommen, teils auf Planken, teils auf irgendwelchen Schiffstrümmern. Und so geschah es, dass alle an Land kamen und gerettet wurden.

Evangelium: Johannes 6,15–21 (Mit Jesus im Boot)

Lied: Stimme, die Stein zerbricht

2 Sprach schon vor Nacht und Tag, / vor meinem Nein und Ja. / Stimme, die alles trägt: / Hab keine Angst, ich bin da.

3 Bringt mir, wo ich auch sei, / Botschaft des Neubeginns, / nimmt mir die Furcht, macht frei, / Stimme, die dein ist: Ich bin's!

4 Wird es dann wieder leer, / teilen die Leere wir. / Seh dich nicht, hör nichts mehr – / und bin nicht bang: Du bist hier.

T: Jürgen Henkys (1929–2015) [1978] 1990 nach dem schwedischen „Röst genom sten och järn" von Anders Fronstenson, M: Trond Kverno 1974

Nizänisches Glaubensbekenntnis

Wir glauben an den einen Gott,
den Vater,
den Allmächtigen,
der alles geschaffen hat,
Himmel und Erde,
die sichtbare und die unsichtbare Welt.
Und an den einen Herrn Jesus Christus,
Gottes eingeborenen Sohn,
aus dem Vater geboren vor aller Zeit:
Gott von Gott,
Licht vom Licht,
wahrer Gott vom wahren Gott,
gezeugt, nicht geschaffen,
eines Wesens mit dem Vater;
durch ihn ist alles geschaffen.
Für uns Menschen und zu unserm Heil ist er vom Himmel gekommen,
hat Fleisch angenommen durch den Heiligen Geist
von der Jungfrau Maria und ist Mensch geworden.
Er wurde für uns gekreuzigt unter Pontius Pilatus,
hat gelitten und ist begraben worden,
ist am dritten Tage auferstanden nach der Schrift
und aufgefahren in den Himmel.
Er sitzt zur Rechten des Vaters
und wird wiederkommen in Herrlichkeit,
zu richten die Lebenden und die Toten;
seiner Herrschaft wird kein Ende sein.
Wir glauben an den Heiligen Geist,
der Herr ist und lebendig macht,
der aus dem Vater hervorgeht[*],
der mit dem Vater und dem Sohn angebetet und verherrlicht wird,
der gesprochen hat durch die Propheten,
und die eine, heilige, christliche und apostolische Kirche.
Wir bekennen die eine Taufe zur Vergebung der Sünden.
Wir erwarten die Auferstehung der Toten
und das Leben der kommenden Welt.
Amen.

[*]In der ökumenischen Fassung entfällt im Artikel über den Heiligen Geist das erste „und dem Sohn".

Lied: Wenn das Brot, das wir teilen, als Rose blüht (GL 470)

1. Wenn das Brot, das wir teilen, als Rose blüht
und das Wort, das wir sprechen, als Lied erklingt,
Refrain:
Dann hat Gott unter uns schon sein Haus gebaut,
Dann wohnt er schon in unserer Welt.
Ja, dann schauen wir heut schon sein Angesicht
in der Liebe die alles umfängt,
in der Liebe die alles umfängt.
2. Wenn das Leid jedes Armen uns Christus zeigt
und die Not, die wir lindern, zur Freude wird
3. Wenn die Hand, die wir halten, uns selber hält
und das Kleid, das wir schenken, auch uns bedeckt,
4. Wenn der Trost, den wir geben, uns weiter trägt
und der Schmerz, den wir teilen, zur Hoffnung wird,
5. Wenn das Leid, das wir tragen, den Weg uns weist
und der Tod, den wir sterben, vom Leben singt
Gebet mit Antwortruf
Zeichen und Wunder sahen wir gesehn, in längst vergangnen Tagen,
Gott wird auch unsre Wege gehn, uns durch das Leben tragen.

(Aus: Wir haben Gottes Spuren festgestellt)

Vaterunser

Kollektenempfehlung

Vom Krieg in der Ukraine betroffene Menschen sollen Bibeln erhalten, damit
sie Trost und Halt in Gottes Wort finden können. Der Krieg hat tiefe seelische
Wunden hinterlassen. Die Kollekte zum Bibelsonntag soll helfen, dass Mitar-
beitende der Bibelgesellschaften in der Ukraine und in den Nachbarländern
zusammen mit speziell geschulten Seelsorger*innen aus den Kirchen Kurse
zur „biblischen Traumabegleitung" anbieten können. Damit die Opfer von
Krieg und Gewalt Wege aus der inneren Not und ihrem Leid finden und ent-
mutigte Menschen durch Gottes Wort gestärkt werden.

Spendenkonto: Evangelische Bank eG
Kontoinhaber: Deutsche Bibelgesellschaft
DE59520604100000415073
BIC: GENODEF1EK1
Stichwort: Bibelsonntag

Lied: Ein Schiff das sich Gemeinde nennt (EG 604,5)

Lied zur Bibelwoche

Ich träume eine Kirche

Text: Dieter Stork, Musik: Fritz Baltruweit 1984   © tvd-Verlag Düsseldorf

1. Ich träume ei-ne Kir - che, in der kein Mensch mehr lügt, wo
   Ich träume ei-ne Kir - che, die wahr ist und ge-recht. Wir

nie-mand ei-nen an - dern in fal-scher Hoffnung wiegt.
al - le sind nun Frei - e und niemand Herr und Knecht.

℞ Ich träu-me ei-ne Kir - che, die hat den Schritt gewagt, die

baut sich auf von un - ten und dient, wie Je-sus sagt.

2. Ich träume eine Kirche, die jedem Feind vergibt.
   Verletztes wird verbunden, der Schwache wird geliebt.
   Ich träume eine Kirche, die nicht den Waffen traut
   und die das Zelt des Friedens für alle Menschen baut.

   Ich träume eine Kirche, die hat den Schritt gewagt ...

3. Ich träume eine Kirche, die teilt und sich verschenkt,
   die wenig an sich selber und viel an andre denkt.
   Ich träume eine Kirche, die Mauern überspringt,
   die lacht und weint und segnet und mit den Menschen singt.

   Ich träume eine Kirche, die hat den Schritt gewagt ...

4. Ich träume eine Kirche, die atmet Jesu Geist -
   und lebt die ganze Hoffnung, die unser Gott verheißt.
   Ich träume eine Kirche, die hofft und liebt und glaubt,
   die hat auf Macht verzichtet und sich vom Muff entstaubt.

aus: Solange die Erde noch steht, 1985, alle Rechte im tvd-Verlag Düsseldorf

Weitere Materialien

Das Buch mit neuer Übersetzung aus dem Urtext sowie einem den neuesten Forschungen entsprechenden Kommentar ist wissenschaftlich fundiert und zugleich gut verständlich.

Die Übersetzung von Michael Hartmann ist sehr eng am griechischen Urtext orientiert, der Kommentar von Thomas P. Osborne zu dem jeweiligen Bibelabschnitt bietet einen kompakten Kurzkommentar, der sowohl die großen theologischen Linien aufweist wie auch Einzelerklärungen zu Personen, Orten, Strukturen, Leitmotiven und wo es der Platz erlaubt, auch geistliche Impulse.

Thomas P. Osborne
Jesu Taten gehen weiter
Die Apostelgeschichte
ISBN: 978-3-940743-85-5 | 24,80 Euro
https://www.bibelwerk.shop/produkte/
jesu-taten-gehen-weiter-5001503

Dr. Katharina Wiefel-Jenner
**„Zusammenhalt und Liebe –
Die Familie Gottes"**
Gemeindeheft zur Ökumenischen Bibelwoche 2022/2023
Auslegungen zu sieben abgedruckten Bibeltexten aus der Apostelgeschichte sowie Gestaltungsvorschlägen, Psalm, Neuem Lied und einer Bildmeditation zur Bibelwoche
ca. 48 Seiten | 0,65 Euro
Bestellung unter
www.gemeindedienst-ekm.de, im Onlineshop oder telefonisch über 036202/771790